LK⁷ 1867

PETIT TRAITÉ,

TOUCHANT LA FONDATION & Erection de l'Eglise de Nostre-Dame & Cité de Chartres.

A CHARTRES,
Chez RENE' BOQUET, au Cloistre Nostre-Dame.

M. DC. LXXV.

PETIT TRAITE',
touchant la Fondation & Erection de l'Eglise de Nostre-Dame & Cité de Chartres.

LA premiere Fondation & Institution de l'Eglise de Chartres, fut en l'honneur de la Vierge qui devoit enfanter; Sçavoir est, de Marie, Mere de Nostre Seigneur Jesus-Christ: Laquelle, devant sa Nativité, avoit esté annoncée par le Prophete Isaye en ces termes: *Voila qu'une Vierge concevra & enfantera un Fils, qui sera appellé Emanuel*, c'est à dire, *Dieu avec nous*. Un ancien Comte de Chartres, excité par cette Prophetie, & touché d'une Divine inspiration, ainsi qu'on le peut croire de bonne-foy, ou poussé

A ij

par le recit de quelques hommes de créance & d'une bonne Doctrine, fit construire un Autel en l'honneur & reverence de la Vierge immaculée, qui accoucheroit d'un Fils Homme-Dieu.

Cesar, dans ses Commentaires, dit que de son temps les Druides, doctes Precepteurs des Peuples de la Gaule, que l'on appelle maintenant *la France*, usoient de la Langue Grecque, & qu'ils avoient l'intelligence des lettres Hebraïques : Diogene Laërce, suivant le témoignage de Berose, recite qu'avant la venuë de Cesar dans la Gaule, les Habitans de la Nation Celtique, étoient instruits aux disciplines Sarroniques. Pharamond, Premier Roy de France, institua la Loy Salique, ainsi nommée, à cause qu'elle venoit d'une Terre qui portoit le mesme nom, ou à cause qu'elle avoit esté establie par les Prestres Saliens, c'est à dire, par des Hommes genereux & sçavans. Platon le Philosophe, pour apprendre la Doctrine des Sages Egyptiens, alla en Egypte, où les Enfans d'Israël avoient demeuré durant plusieurs siecles, & selon le rapport d'Eusebe, y lut les Saintes Escritures, les observa, & en traduisit une bonne partie en Grec. Saint Paul regardant les Temples & les Idoles des Atheniens, y apperceut un Autel dedié à un Dieu inconnu, & de là prit occasion de leur annoncer, que ce Dieu, qu'ils ne connoissoient point, estoit le vray Dieu Eternel, le Createur & le Seigneur du Ciel & de la Terre, & les exhorta de croire en luy. Les Historiens Romains écrivent, que Numa Pompilius bâtit un Temple à la Foy, quoy que sa Religion ne fust ordonnée ny instituée de Dieu. Ils recitent aussi, qu'Auguste Cesar, Empereur de Rome, fit édifier un Autel & une Oratoire, auquel il avoit mis cette Inscription, *Icy est l'Autel du Fils de Dieu vivant*, & que comme il y faisoit ses Prieres, il luy apparut au milieu d'un cercle d'or qui estoit autour du Soleil, une tres-belle & éclatante Vierge qui portoit un enfant dans son giron. L'Empereur s'en estonna, & estant tout hors de luy mesme, il entendit une voix qui luy dit ces paroles, *Voicy l'Autel du Ciel*. La Sybille qui l'accompagnoit alors luy dit : l'Enfant que vous voyez est plus grand que vous, prosternez-vous devant luy & l'adorez. Peu de temps aprés que la sainte Vierge fut receuë

A iij

dans les Cieux, l'on édifia une Eglise en son honneur auprés de son Tombeau dans la Vallée de Josaphat, entre les Monts de Sion & d'Olivet. Saint Ignace vivoit pour lors, qui desirant voir la Mere de Dieu devant son trépas, envoya une lettre à S. Jean l'Evangeliste, dans laquelle il avoit mis ces mots, à la loüange & à l'honneur de la Vierge Sacrée & Mere de Dieu, *Si vous le trouvez bon, j'ay dessein d'aller à Ierusalem, & de voir les Saints Apostres qui y sont, & principalement Marie, la Mere de Iesus, que l'on dit estre admirable & venerable à tout le monde. Car qui est-ce qui n'est pas ravy de joye de la voir, & de parler avec celle qui a enfanté le vray Dieu?* Pour faire foy de la grande antiquité de l'Eglise de Chartres sur toutes celles de la Chrestienté, il faut remarquer qu'on y chante l'Hymne,

O gloriosa fœmina
Excelsa supra sidera,
Qui te creavit providè
Lactas sacrato ubere.

C'est à dire,

Femme Vierge dont le nom glorieux
Perce les voûtes Eternelles,

Vous allaitez de vos mammelles
Celuy qui vous créa dans ces terrestres lieux.

Saint Pierre, Apostre & premier Pape de Rome, envoya en Gaule, à present nommée *France*, Saint Savinian & Saint Potentian, pour y enseigner & y prêcher la Foy Catholique. Ces deux grands Personnages vinrent en la Ville de Chartres, où ils dediérent un Autel en l'honneur de Dieu & de la Vierge Marie : on fait commemoration de cette dedicace au jour que l'on fit celle de l'Eglise ; sçavoir, au mois d'Octobre, deux jours devant la Feste de S. Savinian & S. Potentian, selon l'usage du Diocese de Chartres. Lorsque cét Autel fut achevé & dedié, le Gouverneur de la Ville pour les Romains, voyant qu'une grande multitude de Peuple y alloit de toutes parts, en fut extrémement irrité, & commanda qu'on tuast tous les Chrestiens qui y estoient, & qu'on les jettât dans un puits, que l'on voit encore aujourd'huy proche de cét Autel. Au temps du Pape S. Clement, premier de ce nom, & troisiéme aprés S. Pierre, S. Cheron vint à Chartres, où il fut receu avec un grand zele par les Fideles

A iiij

Chrestiens, & receut la Couronne du martyre à trois lieuës de la Ville, en un lieu où on luy a basty une Eglise, que l'on appelle *Saint Cheron du Chemin*.

La Ville de Chartres a pris sa denomination de *Quercus*, qui signifie un Chesne, ou plutost du mot Grec *Drys*. A cette cause, les Driades sont appellées Nimphes des Forests, ainsi nommées des Chesnes, & parce qu'elles habitoient les Forests. Les Druides, qui demeuroient anciennement dans les Forests où croissoient les Chesnes, en ont emprunté leur nom ; car δρῦς *Drus* en Grec, signifie un Chesne. Cesar appelle en Latin les Chattrains, *Carnutes*, qui viennent de *Quercus*, & non pas de *Carcer*, comme le veulent quelques-uns. Il y a grande difference entre *Carnutum* & *Carceres*, parce que *Carceres* signifient prisons, *Carcer* est dit, *quasi arcer ab arcendo*. Les Druides estoient Juges de tous les differends, & n'usoient contre les Rebelles & les méchans d'aucun emprisonnement envers eux ; mais d'excommunication, en leur interdisant de converser avec les autres Citoyens, ainsi que le rapporte le mesme Cesar, dans ses Commentaires de la guerre Gauloise.

La Ville de Chartres a esté fondée par les Druides, ou par Drius quatriéme Roy des Gaules, environ l'an quatre cens dix aprés le Deluge. Ils faisoient au commencement de chaque année, la recolte du Guy, & pour ce sujet l'on dit communément le premier jour de l'an, *Le Guy l'An neuf*. Saint Aventin fut premier Evesque de Chartres du temps des Apostres. Il est le premier des Evesques canonisez, Martin le Candide, Aignan, Frebold, Polennion, Malard, Leubin, Bethaire, Calais, Fulbert, Soulein, Etherie, Dieu-donné, Papoul & Yves, ont esté canonisez de temps en temps aprés luy. Clovis, premier Roy de France Chrestien, passa par Chartres devant son Bapteme, avec une redoutable Armée pour combattre contre Alaric, Roy des Goths, & fut receu de S. Solein, qui estoit alors Evéque, & fut confirmé en la Foy Catholique dans l'Eglise de Nostre-Dame, où il avoit fait son abjuration auparavant. En ce temps fut institué l'Archediaconé de Dunois, & un nommé Aventin en fut pourveu. Saint Laumer, durant le regne de Clotaire, premier de ce nom, visita le venerable Saint Malard, Evéque de Chartres, & luy predit la deſtruction & deſolation de la Ville, qui a eſté ruïnée & ſaccagée pluſieurs fois. La premiere advint l'an huit cens ſoixante & dix ; La ſeconde fut faite par les Huns, avec un grand carnage des Habitans, de l'Evéque Frebold, & de pluſieurs de ſon Clergé. J'aprens de l'Hiſtoire, que ce fut luy qui fonda l'Abbaye de S. Pere en Vallée. Le troiſiéme embrazement ſurvint en l'an mil vingt : Fulbert tenoit la Chaire Epiſcopale, & il eut le déplaiſir de voir, non ſeulement la Ville, mais encore l'Egliſe brûlées juſques aux fondemens. C'eſt à luy, à qui eſt deuë la gloire de la conſtruction de ce beau Temple, qui fut devant cét incendie, & qui eſt encore, aprés ſa reparation, l'eſtonnement de tous les Mortels, & le Chef-d'œuvre de l'art. La quatriéme conflagration fut en l'année mil trente, au temps de l'Evéque Theodoric. La cinquiéme, fut en l'an mil cent trente-quatre, toutes les maiſons & les edifices de la Ville, furent preſque tous conſumez par le feu & reduits en cendre ; mais par la grace & la miſericorde de Dieu, & par l'interceſſion de la glorieuſe Vierge Marie, son Eglise demeura saine & entiere, sans que le feu l'endommageast en aucune sorte. L'Eglise de Saint Aignan en fut aussi preservée par la faveur du Ciel, qui voulut bien l'en garantir, à cause que ce Saint avoit esté Evesque de Nostre-Dame. Aprés sa promotion & son installation à l'Episcopat, il fut porté dans cette Cathedrale avec action de graces, de Cantiques & de loüanges; & à cause de cela on a introduit la coustume de porter honorablement depuis la Porte de Saint Michel jusqu'à l'entrée de l'Eglise de Nostre-Dame, le Venerable Evesque quand il fait son entrée dans la Ville.

En l'an de grace neuf cens soixante & sept, Thibaud Comte de Chartres & de Blois, & Richard Duc de Normandie, eurent de grands differends ensemble, & firent l'un contre l'autre plusieurs actes d'hostilité. Ce Duc avec son armée, qui estoit extrémement formidable, aprés avoir desolé toute la campagne circonvoisine, vint jusques aux portes de Chartres, devant laquelle il mit le siege. Le fils du Comte Thibaud & ses Confederez, sortirent hors de la Ville pour leur resister; mais le succés ne répondant point à leur esperance, ce jeune homme & plusieurs des siens furent mis au fil de l'épée, & plusieurs pris prisonniers. Les Normands, maistres de la Campagne, firent le dégast par tout, brûlerent les Faux-bourgs, pillerent tout le pays Chartrain, & étendirent leurs ravages & leurs hostilitez jusques dans la Ville de Blois. Et l'an mil cinq cens six, le feu du Ciel tomba sur l'un des Clochers de l'Eglise, & le brûla à la moitié. Mais il fut bien-tost rebâti & reparé, par le zele du Roy Loüis douziéme, des Chanoines, & de plusieurs Personnes devotes, qui le rétablirent en l'estat qu'on le voit à present; & pour le distinguer de l'autre, on luy donna le nom de *Clocher neuf*.

Cette Eglise est ornée de plusieurs riches Chasses, qui renferment divers Corps saints, & elle a plusieurs belles Reliques, & plusieurs pompeux Ornemens. Entr'autres l'on y garde avec beaucoup de religion & de veneration la tresdigne & sacrée Chemise de Nostre-Dame: Charles le Chauve, Roy de France & Empereur de Rome, la fit apporter de Constantinople, & la donna à l'Eglise de Chartres, dans laquelle il y a une grande vitre, au dessus de l'Autel de saint Iean Baptiste, auprés de la Chappelle des Penitenciers, où est peinte l'histoire & l'Invention de cette precieuse Chemise de la sacrée Vierge Marie.

Au temps de Charles le Simple Roy de France, Rollon qui trainoit aprés soy le carnage & l'horreur, vint fondre sur Chartres avec une puissante Armée, y mit le siege, & tâcha de la prendre d'assaut. L'Evesque & les Habitans firent une nombreuse sortie, portant avec eux cette merveilleuse Chemise de la Vierge, & remporterent la victoire sur leurs ennemis, dont la pluspart furent tuez, & les autres mis en fuite. Le lieu où se fit cette rencontre est nommé *les Prez des Reculez*, parce qu'on les fit reculer bien loin de la Ville. Loüis le Gros Roy de France, irrité contre Thibaud Comte de Chartres, trainant un Camp innombrable assaillit la Ville de Chartres, & delibera de la prendre & de la détruire; mais le Clergé portant la sainte Chasse où est renfermée cette precieuse Chemise, alla humblement & en grande devotion au devant de ce Prince tout grondant de menaces; qui ayant esté attendry par leurs pleurs & leurs prieres, desista de son entreprise, & vint dans la

Ville faire ses devotions à la Sainte Vierge.

Autrefois l'Evesque de Chartres en estoit aussi Comte, & l'on pouvoit dire de luy ce que Virgile dit d'Anius.

Rex Anius, Rex idem hominum Divûmque Sacerdos.

C'est à dire;

Anius estoit Roy formidable en ces lieux, Et dans le mesme temps estoit Prestre des Dieux.

En signe de Superiorité & de Souveraineté, au Spirituel & au Temporel, il portoit solemnellement une Mitre & une épée; & cette coustume dura jusqu'au temps du Roy de France nommé Charles le Simple, qui en faveur de Rollon Duc de Normandie, cy-dessus mentionné, donna à Hastingue Prince de Dannemarc, le Pays & le Comté de Blois, où ce Danois fit bâtir un beau Chasteau que l'on voit encore à present. Au temps passé il y eut un differend entre une Comtesse de Blois & le Chapitre de Chartres pour leur Iurisdiction temporelle; comme il se voit par *C. ex parte in Christo filiæ, &c. Cum olim de verbor. signific extr.* Helie Evesque & Comte de Chartres, au temps de l'Empereur Charlemagne, pour quelque cause, fit piller, abattre & brûler toute l'Abbaye de saint Pere en Vallée de Chartres. Les soldats se licenciant à toutes sortes de crimes, en tuërent mesme tous les Religieux & l'Abbé. Mais elle a esté rebâtie pompeusement, & construite d'un bel & admirable ouvrage par un Evesque de Chartres, qui y mit un Abbé & des Religieux de l'Ordre de saint Benoist, & donna à ce Monastere de bonnes rentes & de bonnes terres, dont ils jouïssent encore à present. La Comtesse de Rigeard, nommée Legargis, l'augmenta & le doüa de plusieurs droits, privileges, Seigneuries & heritages: le corps de cette Comtesse est inhumé dans leur Eglise. Yves de Chartres fut Fondateur de l'Abbaye de S. Iean en Vallée, Theodoric de celle de Vendosme, Gauffrit ou Geoffroy de celle de Iosaphat l'an 1120. Saint Pabule, ou Papoul, en l'année six cens cinquante-cinq, fit bâtir l'Eglise de saint Cheron, proche la Ville, & y fit transporter le corps de ce Saint; mais cette Eglise ne fut achevée que par Gesselein soixante-deuxiéme Evesque, qui y mit un nommé Liebart Religieux, & l'en fit le premier Abbé pour y faire observer la Regle de Saint Augustin. Robert cinquante-septiéme Evesque fit bâtir l'Abbaye de Saint Remy des Landes, & celle de Nostre-Dame de Claire-Fontaine, & de Saint Cir de Bercheres, & il fut le premier qui introduisit le Chœur de Musique en l'Eglise de Chartres, de laquelle il avoit fait paver le Chœur. Hugues fonda & construisit le Convent des Freres Predicateurs, & leur donna la place qu'ils ont pour leur Eglise & leurs bâtimens dans la ruë de la Précherie. Au temps passé l'Eglise de S. André avoit esté erigée en Abbaye; mais ayant depuis esté ruinée, elle fut reparée, & l'on y institua des Chanoines & un Doyen, qui font un College considerable. Saint Leubin fut le Fondateur du Prieuré de Saint Martin auprés de Chartres; il y alla souvent prier Dieu dans un petit Oratoire, qui fut depuis appellé communément la Chapelle de Saint Leubin. Son corps est enterré dans les grottes de cette Eglise.

En l'an mil quatre cens dix-sept, le Duc de Bourgogne tenant le party de l'Anglois l'Anglois, se rendit maistre de la Ville de Chartres, par le moyen du sieur de Iaqueville nommé Helyon, qui avoit fait emprisonner plusieurs Citoyens, dont en suite il procura la mort pour s'enrichir de leurs biens ; mais la vengeance divine éclatta bien-tost contre luy : Car un nommé Hector de Saneuse Gentilhomme, qui avoit des differends avec luy, le rencontrant comme il estoit prest d'entrer dans l'Eglise de Nostre-Dame, le fit prendre par ses Pages, & trainer sous le Portail, où sans respect du lieu il le fit tuër. En l'an mil quatre cens trente-un la Ville fut reprise par les François, & remise sous l'obeyssance du Roy ; & pource que plusieurs Habitans se rebellerent & s'efforcerent de faire resistance à ses armes, plusieurs d'entr'eux furent tuez, & les autres furent pris prisonniers, & mesme Iean qui estoit Evesque en ce temps-là, fut tué sur les marches de son Eglise. Le Baillif de Chartres nommé l'Aubespine evada subtilement, & se sauva pardessus les murailles de la Ville. Ce fut un nommé Bouffineau, qui faisant semblant d'estre Marchand, & ayant amené une charette chargée d'aloules jusques sous la herse de la Porte

B

de Saint Michel, s'y arresta, & sa charette venant à se démancher & à se disjoindre en cet endroit, il fut cause que le Dauphin avec son Armée surprit la Ville, estant accouru au signal dont ils estoient convenus ensemble auparavant.

En l'an mil quatre cens huit fut conclu un Traité de Paix dans la Ville de Chartres, entre le jeune Duc d'Orleans & ses freres, & le Duc de Bourgogne, touchant l'homicide commis en la personne du Duc d'Orleans leur pere, & cet accord fut confirmé par un serment solemnellement fait par eux en presence du Roy de France dans l'Eglise de Nôtre-Dame. En mil trois cens quatre-vingt trois, Maistre Pierre de Frontbrac Advocat en la Cour de Parlement de Paris, n'ayant pour tous benefices qu'une simple Chanoinie de Chartres, fut promeu à la dignité Cardinale par le Pape Clement, sans qu'il en eût fait aucune requeste ou sollicitation. Il estoit homme vertueux, & grand protecteur des privileges, droits, libertez & immunitez de l'Eglise. De mesme Maistre Guillaume Durand, nommé le Speculateur de Droit, & qui avoit esté Doyen de l'Eglife Cathedrale de Chartres, fut par ſes merites Eveſque de Mimatte en Italie. En mil quatre cens quatre-vingt ſept, Loüis onziéme de ce nom Roy de France, viſita l'Egliſe de Noſtre-Dame de Chartres, ordonna qu'on y diſt une Meſſe chaque jour, & l'aſſigna ſur le Greffe du Bailliage de Chartres. On l'appelloit communement *la Meſſe du Roy*. Mais parce que cette aſſignation ne fut pas continuée, Maiſtre Charles d'Iſtiers, alors Doyen de l'Egliſe, la fonda pour eſtre dite tous les jours à l'iſſuë de Matines, & à cauſe de ſa dignité elle s'appelle *la Meſſe du Doyen*.

La Ville de Chartres a eſté inſtituée & erigée en Duché par François premier. Les Baronnies d'Alluye, Brou, Authun, Montmiral & la Bazoche, Gruet & leurs appartenances, ſont tenuës en fief, foy & hommage de la Chaſtellenie & Baronnie de Pont-goin, appartenant à l'Eveſque de Chartres, & ſont le principal de ſon temporel. Charles Comte de Valois, frere du Roy Philippes le Bel, fut Comte de Chartres & du Perche, & oncle des Rois Loüis Hutin, Philippes le Long & Charles le Bel, & prit comme Regent le Gouvernement du Royaume de France & de Navarre. Il fut pere de Philippes de Valois, & à cause de sa grande puissance & authorité, pour quelques droits & possessions de son Comté de Chartres, il eut de grands differends contre le Chapitre. L'on remarque que ce fut en ce temps-là que le Cloistre fut pavé, clos & fermé de murailles & de portes, pour la conservation tant de l'Eglise, de l'Evesque & des Chanoines, que de leurs maisons; à la charge neantmoins de l'assiette de la cloche du Guet, pour obvier au danger du feu, & aux autres inconveniens. Le Roy institua aussi un Vidame de Chartres, qui vient du mot latin *Vice-Dominus*, & qui represente la personne du Roy en cet Office. Le sieur Vidame a son lieu situé auprés de l'Eglise, & de la Maison Episcopale, & dans l'enceinte du Cloistre; afin qu'il donne plus facilement remede aux choses qui concernent son Office.

On lit dans les Commentaires de Cesar, que la Ville de Chartres estoit le refuge des Sciences & des Lettres, & que les Druides, qui estoient les Gymnosophistes & les Mages des Gaulois, s'y assembloient en certain temps de l'année, pour faire & administrer la Justice, connoiſtre, juger & decider des cauſes & des differends qui arrivoient en tous rencontres. Ils eſtoient obeys ſans contredit en tous leurs Iugemens, & d'eux, comme je penſe, a pris ſon origine le Parlement de Paris, inſtitué par le Roy Pepin. La Region de Chartres eſt en la Gaule Celtique, ſituée au milieu de la France, comme dit Ceſar en parlant de Chartres. Les Druides, dit-il, font leur demeure certain temps de l'année ſur les confin des Carnutes, ou Chartrains, laquelle region eſt au milieu de la Gaule: Tous ceux qui ont des differens viennent là de tous coſtez, & obeyſſent aux Iugemens & aux Decrets des Druides qui y ſont aſſemblez. Ces Druides obligerent le peuple à certaines Loix & Ordonnances, & leur apprirent à vivre en hommes ſociables.

Phoronée donna des Loix aux Argives, Solon aux Atheniens, Minos à ceux de Candie, Lycurgue aux Lacedemoniens, & Romulus & Numa Pompilius aux Romains; mais il faut avoüer qu'elles n'approchoient point en equité & en ſainteté de celles que ces Sages des Gaules inſtituerent, & firent garder à ces Peuples autant belliqueux que Reli-

B iij

gieux. Les Druides n'eſtoient point ſoigneux de coucher par écrit leurs actes & leurs enſeignemens, de crainte que leurs ceremonies & leurs couſtumes ne fuſſent divulguées chez les autres Peuples. La Ville de Chartres eſt aſſiſe dans la Beauce, que l'on appelle en latin *Belſia*, c'eſt à dire, *Belle Terre*. Son Bailliage s'étendoit anciennement juſqu'en Soulongne, nommée en latin *Sicalonia*, comme qui diroit *Fourmentiere*. Le Dioceſe de Chartres eſt grand & ample, & contient dix-huit cens Paroiſſes, ſans les Abbayes & Prieurez, qui ſont en grand nombre.

Ie prie Noſtre Seigneur vouloir conſerver à jamais le noble Royaume de France, & l'augmenter de jour en jour.

Fin de ce petit Traité, faiſant mention de la fondation & erection de l'Egliſe de Noſtre-Dame de Chartres; Compoſé par Eſtienne Prevoſt Official de Monſeigneur l'Eveſque de Chartres, & dedié à Monſieur Maiſtre Noël Tiſon, Chanoine de Chartres, &

Vicaire General de Reverend Pere en Dieu Meßire Loüis Guillard Evefque de Chartres.

Imprimé à Paris ce vingt-quatriéme jour de Novembre mil cinq cens cinquante-huit.

www.ingramcontent.com/pod-product-compliance
Lightning Source LLC
Chambersburg PA
CBHW070525050426
42451CB00013B/2865